Miguel Angel Herrera Parra

Nuestra Iglesia que requiere conversión

Miguel Angel Herrera Parra

Nuestra Iglesia que requiere conversión

En medio de tantas acusaciones de abusos sexuales, de poder y de conciencia, brilla la esperanza del pueblo de Dios

CREDO EDICIONES

Imprint

Cover image: www.ingimage.com

Publisher:
CREDO EDICIONES
is a trademark of
International Book Market Service Ltd., member of OmniScriptum Publishing Group
17 Meldrum Street, Beau Bassin 71504, Mauritius

Printed at: see last page
ISBN: 978-620-2-47881-6

Décimo noveno libro de Poemas de Miguel Ángel Herrera Parra

Nuestra Iglesia que requiere conversión

Santiago de Chile

Aduladores

El grupo de aduladores, rastreros y despreciables,

indignos halagadores, abyectos y detestables.

Personas ruines e innobles, que ocultan sus pensamientos,

que tienen “discursos dobles”, que mienten sus sentimientos.

Infames, bajos, serviles, que ocultan toda verdad,

lisonjeadores y viles, vendieron su dignidad.

Ignominiosos y humillados, ante aquella autoridad,

zalameros, maltratados, que elogian, con falsedad.

Lo que haga o lo que diga, esa persona que manda,

recibe su fiel caricia, meliflua y embelesada.

Elogiadores y halagüeños, labiosos, carantoñeros,

pelotilleros y cobistas, lagoteros, lisonjeros,

nunca serán verdaderos, mienten en estos senderos.

A un crítico realista, lo verán como a un “censor”,

y a un líder idealista, lo tratarán de “traidor”.

Los aduladores se unen, para así adular mejor,

se abrazan y se reúnen, y definen al peor,

al que nunca adula a nadie, lo ven lleno de rencor,

ya que adular a “su jefe”, es como un “acto de amor”.

Y caminan adulando, y se duermen adulando,

sobreviven adulando, y se mueren adulando.

“Me gusta que expreses tu pensamiento, pero.......”

Me encanta que seas valiente, y que digas lo que piensas,

tu raciocinio y tu mente, contagian lo que conversas,

por eso, lárgalo, manifiéstate, exprésate y decláralo,

nómbralo y proclámalo, anúncialo y menciónalo.

Formúlalo, y expónelo, explícalo y revélalo,

confiésalo y enúncialo, dialógalo y platícalo.

háblalo y articúlalo, parlotéalo y recítalo,

depártelo y discútelo, pronúncialo y afírmalo.

Me gusta tu oración y tu discurso, tu charla y tu disertación,

tu crítica y tu opinión, tu comentario y tu clara opinión.

Pero no me gusta nada, que tú causes más peleas,

que murmures y susurres, que exclames y balbucees,

no me gusta que te contradigan, y que no te entiendan,

lo que profieres y lo que comentas, lo que musites y lo que vocees.

Por eso, te quiero callado, que ya no opines nada,

quiero tus silencios, pues no causan los daños,

que hieren las sensibilidades, de lo que no te comprenden.

Dilo claro, pero ¡cállate!, exprésalo, pero ¡cuidado!,

con los que te atacan, ¡tú eres culpable del qué dirán!.

Tú tranquilo, y hazme caso, sé valiente, pero no hables,

pues, si te contradicen, ¡responsable tú serás!.

Un Consejo Parroquial

El párroco no es gerente, sino un pastor donado,
que conversa con la gente, con respeto demostrado,
es el padre, diligente, que forma un solo rebaño,
con su espíritu y su mente, quiere ser acompañado.
Por eso formó un Consejo, que surgió de una asamblea,
de la parroquia completa, que la representa plena,
a los de cerca y de lejos, con agentes se recrea,
con adultos, y con viejos, con jóvenes, y sin pena,
es familia de familias, fiel comunidad entera.
Se dialoga y diagnostica, se discute y planifica,
se comparte y se platica, se discierne y se prioriza,
se corrige y se formula, se va educando, sin prisa,
se va orando y ofreciendo, se va amando y creciendo.
Como es un grupo de vida, se empieza a evangelizar,
las costumbres y los modos, de vivir en sociedad,
pues la cultura y la vida, se van uniendo al crear,
un estilo y un servicio, abierto a la humanidad,
saliendo por nuestras calles, a predicar y a donar,
nuestros carismas y dones, haciendo felicidad.

Con el Consejo Parroquial, ya no existe un mandamás, ni jefes atormentados, ni un rabioso capataz, pues el aire fraternal, a todos hace capaz, de aportar, esperanzados, y nunca quedarse atrás.

¡¡Sin el Consejo, tristezas, y con él, Alegría y Paz!!

Padre Marek

Escalando las montañas,
bajando al valle, contento,
su fe, siempre le acompaña
y su amor, vence al lamento
Trae vertientes de risas,
en sus manos de pastor,
su cumbre está en las misas,
que alimentan su valor.

Con su alma y su trino, atrae, a familias a rezar,
su esperanza no decae, y las acerca al altar.
Vuela por esos caminos, de su empeño pastoral,
y se acerca a sus vecinos, orando con voz coral.

Ama la liturgia bella,
no se queda en predicar,
a Cristo, luz que destella,
nos invita a navegar.
Bendiciendo las moradas,
en su sacerdocio de hoy,
asperjando las doradas,
semillas del Buen Pastor.

Seduce a subir al cielo,
para contemplar a Dios,
quiere derretir el hielo,
que nos hiere con su hoz.
Canten las luces azules,
griten la tierra y la flor,
oren sauces y abedules,
por Padre Marek, cantor.

Isidora Paz

**Y nada ya te detiene,
porque tu misión avanza,
y nada ya te sostiene,
tu corazón, no se cansa.**

**Y nada ya te congela,
por tu calor, que derrite,
al hielo, con su secuela,
tu onda de amor, se emite.**

**Y nada te desespera, si tu confianza te mueve,
en tu vida verdadera, en que la fe no se muere.**

**Y nada ya te espanta, tu espíritu es positivo,
de gozo, tu alma canta, tu ser, que no está cautivo.**

**Y nada ya te entristece,
porque vives en la tierra,
entre lo que acontece,
sabes ganar esa guerra.**

**Y nada te escandaliza,
en el bello y loco mundo,
y disfrutas de la risa,
con tu proyecto profundo.**

**Y nada te extrañará,
porque tú eres de la Vida,
tu sueño se cumplirá,
no hay nada, que te lo impida.**

**Y nada te transformará,
en aquello que tú no quieras,
tu fuerte Paz vencerá,
en tus lindas primaveras.**

Cristóbal Eduardo

El pueblo de Dios camina,
peregrinando, contento,
por el agua cristalina,
se bautiza, fiel, atento.

Para los misioneros, felices,
se les ha enviado un pastor,
guardián de la fe, invencible,
por el amor del Señor.

En Cristo Joven, que avanza, hacia los más alejados,
su profetismo le alcanza, sirviendo a los postergados.

Con su humor y su humanismo, con su vigor y conciencia,
viene a sembrar, cristianismo, con bendición y paciencia.

Cristo joven, servidor,
peregrino, persistente,
será el único pastor,
de un tiempo seco, es valiente.

Bendita es la familia,
de este guardián, sereno,
es fruto de su vigilia,
de su rezo, misionero.

Ya es profeta del bien,
maestro de la esperanza,
dejó atrás, en el andén,
su cofre y su añoranza.

Mira adelante, tranquilo,
se ha confiado en el Amor,
que no falla, y es testigo,
de Evangelio salvador.

Oda a Javiera

La que vive en casa nueva,
quiere ver al mundo alegre,
unidos, en toda prueba,
que al sol, la luna celebre.

La que teje un buen futuro, con su estilo de bondad,
va rompiendo con lo oscuro, busca solidaridad.
Le que sabe conectarse,
con lo santo y duradero,
quiere acoger y acercarse,
con su acento misionero.

Está inserta en la cultura,
de quienes quieren oír,
y palpar esa aventura,
del amor por asumir.

Su sonrisa contagiosa,
rompe hielos de distancia,
se levanta, victoriosa,
es la amistad su fragancia.

Su casa nueva es el mundo,
globalizado y potente,
su corazón trotamundo,
quiere soñar, es valiente.

Aprendiendo, internaliza,
comprendiendo, socializa,
en su cotidiana misa,
compartiendo, humaniza.

Cristián, el que sigue a Cristo

Aprende, siguiendo a Cristo, con su familia, felices,

con canciones, yo le he visto, con fe, sanó cicatrices.

Buscando, cada mañana, catequizar, comprender,

encuentra el Amor, que sana, y que, hoy, le invita a crecer.

Peregrinando al Santuario, de Cristo, no ha sospechado,

que será un depositario, de su Obra y su legado.

Va preguntando, y sirviendo,

dialoga, evangelizando,

en su vocación, va latiendo,

su acogida, acrecentando.

Anuncia feliz, colabora,

en la tarea más linda,

humanizando, fiel, y ora,

con su confianza profunda.

Su esperanza ya está anclada,

en la barca del Señor,

Jesús, le hizo una llamada,

y él respondió, con ardor.

Construyendo, en nuestra Iglesia, siempre humilde en aprender,

pues sabe que la presencia, divina, ha de vencer.

Sigue a Cristo, donde Él vaya, por los caminos del mundo,

Él es su alta atalaya, su roca y verbo rotundo.

“Me enseñaron a no creer”

Mi amigo de Leipzig, dijo,

que, a no creer, le ha enseñado,

el Estado, que como a un hijo,

al mismo Dios le ha borrado.

En la Alemania Oriental, Democrática República,

se hizo este crimen brutal, prohibiendo la fe pública.

El “opio del pueblo”, ha dicho, “es la fe y la religión”,

Carlos Marx y su capricho, y su cruel demolición.

Me duele que el cristianismo, no haya sido habilitado,

para ampliar el humanismo, que a todos nos ha costado.

Me repugna que el Estado, no respete las creencias,

del ciudadano amparado, por la ley y por las ciencias.

Mi amigo, en la actualidad, se acerca a los luteranos,

a vivir la Navidad, con villancicos cristianos.

Con su familia completa, hoy tiene la claridad,

de una humanidad sedienta, del Amor y la Verdad.

Al mismo Cristo ha borrado, ese Estado, como un nicho,

y, a no creer, lo ha ordenado,

mi amigo de Leipzig, ha dicho.

Oda a Norma

**La que es pura,
sabe un himno,
que lo canta muy serena,
en su pacífica altura,
y lo pregona en la arena.**

**La pureza en sus manos,
que se mueven al volar,
comparte con sus hermanos,
aprendiendo, va a enseñar.**

**Su misión hoy es sagrada,
y sabe que está tocada,
por la más divina armada,
de ángeles, cual cascada.**

**La azucena de oraciones,
la rosa de bendiciones,
la violeta de canciones,
y la paz de sus acciones.**

**En los momentos más duros,
de la vida en esta tierra,
capta sus pasos seguros,
se fortalece en la guerra.**

**Su esperanza no se vence,
y no será defraudada,
porque su fe fiel convence,
por Cristo va iluminada.**

**Es valiente su estatura,
anhelando el Reino eterno,
su alma, a la envergadura,
del misterio, en pleno invierno.**

**Pureza de sensaciones,
desde el sur del universo,
pureza de intenciones,
en su acogida y su verso.**

De hoy en adelante

De hoy en adelante, tenemos que transformarnos en verdaderos "profetas",

que compartan sus voces, en el desierto de nuestra sociedad,

que quiere ser de puro "consumo", de sujetos Individualistas,

que lo principal, es que quieren "ganar plata a toda costa",

que aman la "libertad del mercado", que prefieren otras cosas a los seres humanos,

que consideran a la justicia social como "comunismo", que invisibilizan a los pobres y a los diferentes, que consideran el servicio a los demás como "una pérdida de tiempo",

que la justicia, para ellos, es pura "venganza", que no participan en nada y que ya no votan, que no saben dialogar con los otros y, por eso, pueden recurrir a la violencia para imponer su propio punto de vista.

La paz de nuestro país pasará por cada uno de nosotros, para conversar con los demás,

para reflexionar, para formarnos, para celebrar la vida, para ser más solidarios

y para construir juntos espacios locales más humanos.

Así podremos querer construir una sociedad más humanizada,

donde la variable económica sea una de muchas más, y no lo única, como es hoy.

Tenemos la opción de viajar al centro de nuestro querido país

y aún en medio de los sufrimientos y de las decepciones

(como ésta del domingo), lo disfrutemos y lo hagamos crecer desde adentro.
Un abrazo de ánimo y de mucha esperanza a todos los que hoy nos encontramos un poco (o mucho) desencantados o defraudados en nuestro país.

Pensemos, por un momento, que ellos (los que votaron por el presidente electo) tal vez no tienen otra mirada, o están felices de ser como son

y que no hay nadie cercano a ellos, que -con el máximo de respeto y de cariño- les muestre la otra cara de la realidad de nuestro Chile.

Esto ha comenzado y no es el fin de la historia.

¡¡El próximo capítulo de Chile se empieza a escribir desde ahora mismo!!"

En el metro

Te subes con fuerza al carro, en espacio reducido,

debes actuar con descaro, ante los que ya han subido.

Debes hacerte pequeño, para así, poder entrar,

y luego de un tiempo de empeño, te comenzarás a inflar.

Y no dejas que otros suban, gritas que está todo lleno,

que se atrasaron, que asuman, que de abusos ya está bueno.

Y luchas tu metro cuadrado, te corresponde, en derecho,

te asfixian, por cada lado, ¡que basta!, que vas maltrecho.

Entre ambulantes y artistas, entre lanzas y cantantes,

te aprietan, aunque resistas, entre olores abundantes.

No la dejaron bajar, a la mamá que va enferma,

la vienen a pisotear, esa turba que no merma.

Y nadie brinda su asiento, aunque muchos se lo exijan,

y nadie se muestra atento, ya no hay normas que nos rijan.

Y el extremo de este viaje, es ver a esos graffiteros,

que pintan tu mismo carro, como nuevos bandoleros.

Y así se destruye el lazo, de una cultura humanista,

pues ya nadie se hace caso, en esta vida activista.

El metro es un desafío, un test de la humanidad,

para el ciudadano, y confío, que haya más solidaridad.

Se aprende a ser pasajero, se va aprendiendo a viajar,
el otro es un verdadero, puzzle para descifrar.

Oda a Marina

La que es pura, sabe un himno,

que lo canta muy serena, en su pacífica altura,

y lo pregona en la arena.

La pureza en sus manos, que se mueven al volar,

comparte con sus hermanos, aprendiendo, va a enseñar.

Su misión hoy es sagrada, y sabe que está tocada,

por la más divina armada, de ángeles, cual cascada.

La azucena de oraciones, la rosa de bendiciones,

la violeta de canciones, y la paz de sus acciones.

En los momentos más duros, de la vida en esta tierra,

capta sus pasos seguros, se fortalece en la guerra.

Su esperanza no se vence, y no será defraudada,

porque su fe fiel convence, por Cristo va iluminada.

Es valiente su estatura, anhelando el Reino eterno,

su alma, a la envergadura, del misterio, en pleno invierno.

Pureza de sensaciones, desde el sur del universo,

pureza de intenciones, en su acogida y su verso.

Estilo dictatorial

Lo que yo ordeno se cumple, lo que decido se hace,

no hay nadie que me lo impida, soy dictador, juez, y parte.

Mi sentimiento, se hace pensamiento,

mi pensamiento, se hace movimiento,

mi movimiento, se hace tu tormento,

tu tormento, se hace mi verdad.

No tengo plazo, ni metas, no tengo una contraparte,

te digo, no te entrometas, para mí, mandar es un arte.

En todas las situaciones, soy la última palabra,

en todas vuestras prisiones, soy la llave que las abra.

Mi voz, es como un martillo, que aplasta clavos torcidos,

mi voluntad, el gatillo, que dispara a desconocidos,

mis ideas, como el grillo, que canta a los aguerridos,

ayudantes, que sin un brillo, son seres agradecidos.

Mi estilo es como el de un tanque, que siempre avanza triunfante,

mi agua fluye al estanque, que se llena amenazante,

mi motor, de fiero arranque, arrasa todo al instante,

mi poder es el de un gran tranque, de pura muerte abundante.

Soy emperador genuino, un auténtico faraón,

un dictador bendecido, para toda una nación.

La princesa

**Carismática princesa,
bautizada en los valores,
solidarios, de una mesa,
de mil diversos colores.**

**Princesa de persuasiones,
de miradas convincentes,
para integrar las misiones,
para animar a las gentes.**

**Colaboradora, intensa, alegre, en su fortaleza,
su paz interior, inmensa, brilla en su naturaleza.
Dará su cara por Cristo, en cada conversación,
su fe mostrará a Cristo, y su amor, que es bendición.**

**Entendimiento perfecto,
sabiduría indomable,
con su consejo correcto,
su confianza es formidable.**

**Con su familia ella asume,
un compromiso sagrado,
de una entrega que resume,
su misión y su legado.**

**Princesa ayuda a una mesa,
para vencer las tristezas,
superadas, con fineza,
y brindar buenas sorpresas.**

**De mil diversos colores,
solidarios, de esta mesa,
bautizada en los valores,
carismática princesa.**

Oda a Enrique

Es el príncipe cotidiano,
que es el amo de la casa,
que es rico, fuerte y llano,
y es levadura en la masa.

Ama, el amado, amante,
que disfrutó, cada instante,
con su alma, peregrinante,
su búsqueda y su talante.

Es padre del mar y el cielo,
de la aventura hermosa,
de sus hijos, su deshielo,
en esta vida, preciosa.

Celebrando una gran fiesta,
dio lo máximo que pudo,
con su esperanza, enhiesta,
y su corazón, no es mudo.

Vivió para regalar,
y no acaparó nada,
conjugó el verbo amar,
en subida, y en bajada.

Su vida dio un testimonio,
de la honesta humanidad,
esa que vence al demonio,
con la sincera humildad.

Semillas de la alegría,
en su familia, el afecto,
quedarán, la poesía,
con su mensaje dilecto.

Angélica	**Julio**
Es la elegida de Dios, para formar su familia, que vive a la luz del sol, en cotidiana vigilia. Es enviada del Señor, para entregar fortaleza, a dar y sentir amor, y a vencer toda tristeza.	Es hombre, pleno de gracia, libre, anunciando al Señor, en tiranía, o democracia, siembra semillas de Amor. De naturaleza divina, comparte todos sus dones, con su fe que ilumina, vincula a los corazones.
Allyson	**Jocelyn**
Camina y va protegiendo, a diversos caminantes, a quienes ama, sirviendo, a enanitos y a gigantes. Protege con su oración, cotidiana y misionera, con su emoción y razón, comparte el trigo y la era.	Su misterio y su silencio, es la nuclear batería, la que vence su cansancio, con la que entrega alegría. Con su exótica presencia, atomiza las conciencias, y su bondadosa esencia, da consejo, con sus ciencias.
Claudia	**Felipe**
Tiene el reto declarado, de avenirse con la gente, en el corazón amado, en la práctica conciente. Su potencia que reúne, a varias comunidades, sin soberbia, no presume, solo refleja bondades.	Amigo de los caballos, de la vida simple y pura, de la raíz, a los tallos, busca amar, es su cultura. Feliz en sabiduría, que se conecta con todos, y entiende con alegría, de los humanos, sus modos.

Oda a Marcela

La pasión del volcán suave,
se derrama diariamente,
cuando conduce su nave,
y en su misión permanente.

Descubre la vida entera,
con sus lentes bifocales,
en su familia sincera,
y en los asuntos sociales.

Cotidiana es su tarea,
de aportar con sus talentos,
de esperanza en la marea,
de equilibrio, en mil momentos.

Mar y cielo en su potencia,
justicia y benevolencia,
incluso, aquella clemencia,
olvidada por la ciencia.

Madre joven, va nutriendo,
a su hijo de confianza,
de libertad, que va ardiendo,
en sus dones de templanza.

Es el día de alegría,
de noticias positivas,
porque nació la energía,
de sus potencias activas.

Oda a Máximo

Su fortaleza es secreto,
que solo conoce Dios,
su fuerza que vence al reto,
no la doblegan, de a dos.

El fuerte tiene una hoguera,
de cariño en su familia,
no sufre de la ceguera,
está atento en su vigilia.

Fortalecido en carismas,
energizado en sus dones,
su diálogo rompe cismas,
hablando a los corazones.

Fortín de la democracia,
su espíritu de humanista,
que opta siempre por la gracia,
sin que nadie se resista.

Potenciando muchas vidas,
todo comparte, contento,
ayuda a buscar salidas,
a dolores y al tormento.

Fuente de empoderamiento,
de sus amigos pequeños,
difunde su pensamiento,
valorando aquellos sueños.

Fortalecer la esperanza,
entre los más olvidados,
acrecentando confianza,
entre niños maniatados.

La risa del fuerte, es brisa,
del reino de los humanos,
insertos, hoy, en la prisa,
aprendiendo a ser cercanos.

Juventud a la moda

Con su nariz horadada, sus orejas perforadas,

con su piel atravesada, y sus cejas traspasadas.

Con su labio agujereado, y su lengua taladrada,

como una fruta calada, y su alma acribillada.

Cual leporino voluntario, con su espíritu calado,

su podrido abecedario, su corazón ya ulcerado.

Con lenguaje recortado, con su ética cariada,

con su gesto alborotado, y su risa amoratada.

Su pecho que luce hendido, con su poroso riñón,

toda su sangre ha absorbido, su esponjoso corazón.

La joven de herida abierta, como fakir de ciudad,

torturada, como muerta, se aplica una gran crueldad.

Sus múltiples perforaciones, sazonadas con tatuajes,

adicta a transformaciones, y a esos tétricos ropajes.

Por múltiples orificios, se escapan yertos fluidos,

cual artísticos oficios, y guturales quejidos,

de los nuevos sacrificios, por la moda, apetecidos,

delgadez, en precipicios, de sus cuerpos malheridos.

Perrófilo

Le voy siguiendo los pasos,

a este joven tan valiente,

que ingresa con sus dos manos,

por esas rejas, paciente.

Va acariciando, en sus casas,

a los perros encerrados,

no le asustan las bocazas,

ni hocicos acerados.

Saluda al doberman bravo,

y al histérico pekinés,

al galgo con su ojo esclavo,

y al enorme gran danés.

Al bóxer, como al chihuahua,

al terrier y al san bernardo,

al dogo, brinda su agua,

su cariño, es como el cardo.

Los perros nunca le muerden,

le muestran su lengua aguda,

le sonríen y no le pierden,

la pista y su mano exuda.

Nuestra Iglesia requiere conversión

Los pecados de sus fieles,

la tienen muy encorvada,

las palabras de sus fieles,

la tienen avergonzada.

Cuando ella se vanagloria, cuando peca de avaricia,

cuando actúa con envidia, con lujuria e inmundicia.

Cuando irradia glotonería, cuando transmite pereza,

soberbia y altanería, llena de ira y tristeza.

Cuando no ama a la gente,

aunque ésta sea distinta,

con un gesto prepotente,

con una alegría extinta.

Cuando se deshumaniza,

cuando olvida a la persona,

cuando ya no evangeliza,

cuando ella ya no perdona.

Cuando no es solidaria,

ni quiere salir al mundo,

cuando no es hospitalaria,

ni socorre al moribundo.

¿Y el alma?

El alma tiene una espina,

que no se puede aliviar,

que atormenta en toda esquina,

y te sigue a cualquier lugar.

En la santa libertad, se incuba el malsano orgullo,

de olvidar su autoridad, su Palabra, es un murmullo.

El alma que se arrodilla, puede sentir el dolor,

del pecado que le humilla, y le aleja de su Amor.

En el dolor, nos levanta,

no nos quiere atormentados,

por el demonio que espanta,

pues, ya estamos perdonados.

Le gusta vernos de pie,

caminando y sonriendo,

movidos por esta fe,

siempre amando y sirviendo.

¿Y tu alma, se encuentra en calma?,

¿hoy la puedes escuchar?

¿y en la calma, está tu alma?,

¿hoy la puedes liberar?

Cuando tu rabia se pase

Cuando tu rabia se pase, tu enojo con todos,

te altere y desfase, con mil electrodos.

Cuando tu desesperanza, te arrastre en el lodo,

cuando tu desconfianza, te aleje de todo, de todo.

Cuando tu odio se apropie, de tu alma extraviada,

cuando lo amargo te arroje, a una cruel llamarada.

Cuando ya no puedas respirar, cuando ya no puedas sonreír,

cuando ya no puedas soñar, cuando ya no puedas creer.

Entonces, y solo entonces,

verás una fiel lucecita,

que se acercara a ti, muy feliz,

y te besará el que resucita.

Y al final, te quedarás con él,

con su amor y con su perdón,

y te marcharás con él,

con su vida y su redención.

Y serás feliz, feliz,

contenta y dichosa,

bienaventurada y victoriosa,

junto a Dios, ¡serás muy feliz!.

Heriberto, el que brilla por su nobleza

Frente al actual egoísmo, que es social y cultural,
perjudicial como un sismo, brilla este hermano genial,
se levanta su humanismo, vertiente de gran caudal,
y trasciende su humorismo, al centro del festival.

Con su corazón abierto, fiel quijote de la razón,
sabe sufrir con su pueblo, y cantar con su emoción,
y comer el pan que salva, y beber su decepción,
y volver a ver el sol, superando la opresión.

Misionero y caminante, que transita por senderos,
de justicias y desvelos, y conoce los secretos,
de su barrio y de los miedos, con sus claves y sus retos,
sus llantos y sus consuelos, animando, sin decretos.

Hombre sabio, formó un mundo,
su familia y su buen hogar,
siempre supo que su herencia,
está en la fraternidad,
su silencio y su esperanza,
su respeto y su canción,
fue llamado a este camino,
ser diácono de bendición.

Él brilla por su nobleza,
hoy muchos lo reconocen,
el servidor fiel sirviendo,
un humilde humanizante,
motivador de los justos
y al lado de los sencillos,
discípulo y acompañante,
su vida es obra de Dios.

Tu esperanza no es venganza

Que tu gran ilusión, no sea una maldición,

que tus ganas de aportar, no sean ganas de abortar,

que tu ansiada bendición, no sea desilusión,

que tu intento de abordar, no sea el de maltratar.

Que tu silencio acallado, no sea un cruel huracán,

que tu orgullo dominado, no explote como un volcán,

que tu territorio amado, no se torne en basural,

que tu corazón tentado, no se llene de ese mal.

Que tu larga esclavitud, no se cambie en dictadura,

que tu gastada virtud, no se torne en atadura,

y que tu nueva altitud, no se cambie en amargura,

que tu pronta gratitud, no se torne en domadura.

Que tu próximo destello, no se cambie en atropello,

que tu anunciada confianza, no se venda en la balanza,

que acercarte al poder bello, no te hagan ser plebeyo,

que tu probada templanza, no busque nueva alabanza.

UN DIÁLOGO SOBRE UNA MUERTE

Su hermana está descansando, luchó, y pudo descubrir,

que, hoy Jesús la está cuidando, en el cielo, y sin sufrir.

Eso es lo que cree usted, no hay consuelo en esta hora,

y nadie sacia mi sed, mi hermana está muerta ahora.

Su hermana, muerta no está, tiene Vida en abundancia,

y siempre acompañará, a su familia, su fragancia.

Nadie entiende mi dolor, nadie me puede calmar,

si Dios, que es "puro amor", ¿por qué la quiso llevar?

Su hermana no le ha dejado, vive en otra dimensión,

y caminará a su lado, le ayudará en su misión.

Nunca estuve preparada, para esta separación,

no tengo a mi hermana amada, no existe resignación.

Su hermana quería esta vida, y no quería partir,

hasta que entregó su vida, por ustedes, quiso ir.

Por ahora, no comprendo, este dolor tan inmenso,

a mi hermana estoy pidiendo, me ayude del cielo intenso.

Oro y plata, no tenemos, lo que tenemos, te lo damos,

en nombre de Jesús, andemos, en su fe, sí nos sanamos.

¡Amén!

Fea fealdad

En este último tiempo, en medio de mi ciudad,

ha arreciado como el viento, una triste fealdad,

de jóvenes, cual tormento, que rechazan su beldad,

y que adoran, sin lamento, una moda de ruindad.

Y lucen monstruosidades, cultivan descortesía,

y deforman sus bondades, y aparentan villanía,

y afean sus dignidades, desaliñan su hidalguía,

menosprecian facultades, desdeñan sana alegría.

Con tiranas vestimentas, desproporcionan su vida,

con ropajes de vileza, con tatuajes insultantes,

con mil palabras soeces, con torpezas evitables,

y desairan las vergüenzas, y potencias las bajezas.

Provocan indignidad, con su fealdad combatiente,

la juventud centro urbana, se desfigura insolente,

rasgos de oscura infamia, vulnerable omnipresente,

su belleza descontenta, se escuda entre tanta gente.

Se oculta toda hermosura, en la brutal comisura,

la hazaña de la lindura, hoy tortura a la ternura,

fealdad de sub cultura, que rompe la cortesía,

la muerte de la belleza, nos golpea, cada día.

Fea, es la fealdad, que destruye su bondad,

que ampara mediocridad, que hace lucir la maldad.

Danilo, Justicia de Dios

Justicia de Dios, paciente, como una estatua de cobre,
que hoy brilla entre la gente, como un homenaje al pobre,
minero que lucha y lucha, para quitar a la tierra,
el metal, de su alimento, y así ganarle a su guerra.

Su guerra es con la inclemencia, contra áridas carencias,
pone su esfuerzo y su ciencia, trabaja sin indulgencias
frente a nuestra Catedral, irradia rayos solares,
con su estampa ancestral, su cuerpo de mil dolores.

Se deshidrata conciente, para animar a turistas,
con su corazón valiente, inmóvil a nuestras vistas,
él dialoga, persistente, comparte sus buenas pistas,
es estatua permanente, del cobre de aquellas listas.

Con sus bototos amigos, el calor curtió su faz,
con sus silencios, testigos, con su técnica capaz,
entre malezas y trigos, y ante el vecino rapaz,
ante extraños enemigos, luce su imagen de paz.

Lo han llevado por el mundo, para, su arte, compartir,
con chilenismo profundo, ha optado por consentir,
su arte, que es tan fecundo, callejero, universal,
brinda un mensaje rotundo, artista que vence al mal.

Demasiado

El contorno de ambas orejas,

perforadas con diez aros,

prisioneros, entre rejas,

de tatuajes en sus manos.

Enormes perforaciones, en lóbulos inocentes,

costosas transformaciones, que asustan a los valientes.

Cabellos intervenidos,

y ojos desvencijados,

y caninos destruidos,

y rostros desfigurados.

Exceso de disparates,

muy graves, normalizados,

parece casa de orates,

de unos seres angustiados.

Desmesura desmedida,

sobrada y descomedida,

descomunal es la herida,

harta, profusa y dolida.

Inmoderadas costumbres,

de adultos y adolescentes,

exorbitantes herrumbres,

de exagerados conscientes.

Para estudiar

Para poder estudiar,

mirarás esa ventana,

para así, escudriñar,

cómo nace una mañana.

Negro, al comienzo verás, en la quietud de la noche,

no te sentirás capaz, pensarás que es un derroche.

El esfuerzo de estudiar,

un ramo o asignatura,

sólo podrás compensar,

cuando mires, en la altura.

No desahucies los caminos,

para poder aprender,

que aburren, o entretenidos,

más, aumentan tu saber.

Siempre el inicio es oscuro,

y, al medio, es un poco más,

pero, avanzando, es seguro,

que todo comprenderás.

Para estudiar, lo que importa,

es tu fuerte decisión,

que, el tedio, sí se soporta,

si sientes tu vocación.

Para estudiar es preciso, caminar en bendición,

de Aquel que siempre te quiso, y te brinda inspiración.

¿Por qué se hiere la Iglesia?

¿Por qué la gente se calla, por qué la gente no grita,

por qué el abuso se ampara, la bondad se dinamita?

¿Por qué se olvidan los fallos, los engaños y mentiras,

por qué se cortan los tallos, de la justicia, en mil tiras?

¿Por qué se espera el final, sin hacer ningún esfuerzo,

se anhela el tiro fatal, al amor del universo?

¿Por qué ya no hay valientes, en el clero y en los fieles,

que anuncien en los frentes y denuncien los burdeles?

¿Por qué se culpa a la víctima, de todos sus sufrimientos,

se crucifica en la cima, a los que sufren tormentos?

¿Por qué ya nadie se quema, por la auténtica justicia,

por qué callar es el lema, frente a esa vasta inmundicia?

¿Por qué la esperanza muere, y la caridad se espanta,

y el fiel amor se demuele, y de paz ya no se canta?

¿Por qué nadie reconoce, su no verdad, encubierta,

y al cobarde que conoce, aquella denuncia cierta?

¿Por qué se espera la muerte, mientras andamos la vida,

y la gente se queda inerte, en esta espantosa huida?

¿Por qué se engaña a los niños, con una fábula falsa,

con pervertidos cariños, con la ilusión que se cansa?

En el preciso momento

En el preciso momento, que dejaron de sentirse,

parte del mismo lamento, del Pueblo de Dios, hoy triste.

En el momento preciso, que ellos se declararon,

"ovejitas" de otro piso, y, orgullosas, se desviaron.

Y el olor de ser ovejas, lo escondieron con incienso,

ya no escucharon las quejas, por aquel abuso inmenso.

Y balconearon la vida, se elevaron de esta tierra,

y provocaron la huida, ante esta terrible guerra.

Y callaron, silenciaron, de su pueblo, los dolores

y evitaron, y desviaron, denuncias de malos olores.

Cuando se sintieron "santos", se olvidaron de la gente,

y abusaron a unos cuantos, con su poder indolente.

Y ahora, miran a Cristo, el Pastor del gran rebaño,

ahora se acuerdan de Cristo, y ahuyentaron su rebaño.

Las ovejas que abusaron, de sus hermanas pequeñas,

ya que no las respetaron, y se creyeron sus dueñas,

de ser "Pueblo" se olvidaron, las marginaron en peñas,

con discursos, alabaron, las quemaron, con sus leñas.

En el preciso momento, que se vieron "superiores",

provocaron gran tormento, en hermanas "inferiores",

en el trágico momento, que olvidaron sus labores,

de no ser sólo "un lamento", de ser los buenos pastores.

Nuestra Iglesia implora conversión

Nuestra Iglesia hoy implora, una honda conversión,

nuestra oración, ya lo grita, ¡volver a nuestra misión!.

Cambios profundos y nuevos, y clara reorientación,

confiar en prontos renuevos, para la evangelización.

Cambiar líderes cansados, por pastores, en misión,

y a jerarcas agotados, por laicos, con vocación.

Cambiar el gris, día a día, por carnaval de emoción,

más música de alegría, y salmos de animación.

Renovar secretarías, catequistas transformados,

más jóvenes, con energía, y agentes resucitados.

Menos clericalistas, y menos autoritarios,

menos materialistas, y, mucho más, solidarios.

Menos burocracia y menos mal trato,

que abunde la gracia, y fraterno buen trato.

Menos secretismo, y más amistad,

sin individualismo, y más comunidad.

Más párrocos que conversen, que conozcan a la gente,

que, en sus prédicas conversen, con la cultura emergente.

Menos gerentes y más pastores, entre indigentes, menos patrones,

más apóstoles y profetas, más testigos y santas metas.

Nuestra oración ya lo grita, frente a tanta confusión,

nuestra Iglesia necesita, una honda conversión.

Una Iglesia herida

Una Iglesia que está herida, por los miles de pecados,

de todos los bautizados, que le aminoran su vida.

Una Iglesia que está herida, por ministros imperfectos,

que le torcieron la vida, a niñas y a niños rectos.

Una Iglesia que está herida, del lado de los sufrientes,

de víctimas inocentes, que no hallaron su acogida.

Una Iglesia que está herida, quiere verdad y justicia,

reparación convenida, y lavar toda inmundicia.

Una Iglesia que está herida, por férreo clericalismo,

que no encentra la salida, al nefasto secretismo.

Una Iglesia que está herida, atrapada en el error,

de los que ocultan la herida, y no sienten el hedor.

Una Iglesia que está herida, tiene la oportunidad,

de salir fortalecida, con más credibilidad.

Una Iglesia que está herida, pues no puede ser neutral,

entre la muerte y la Vida, ya que ama el bien, y no el mal.

Una Iglesia que está herida, por ese abuso brutal,

que la dejó adormecida, y que hoy quiere despertar.

Una Iglesia que está herida, que necesita sanar,

en Jesús, su Pan de Vida, hoy puede resucitar.

Una Iglesia que está herida, puede mejor comprender,

a la herida y marginada, humanidad y ¡atender!

El Cuerpo de Cristo y su regeneración

El Cuerpo de Cristo ansía,

pronta regeneración,

nuestra alma y su melodía,

¡queremos su salvación!.

Nuevos rostros, rostros nuevos, y su santa bendición,

con fieles brotes de olivos, sus frutos de redención.

Renovar brazos cansados, por brazos, de su Pasión,

corazones trasplantados, del Sagrado Corazón.

Trocar la odiosa ironía,

por fuego y predicación,

por palabras de alegría,

y salmos de conversión.

Menos fariseos y más pastores,

más diligentes, menos ladrones,

más discípulos profetas,

más testimonios, más conversiones.

Nuestro espíritu lo grita,

en urgente bendición,

el Cuerpo de Cristo invita,

a una santa conversión.

El perspicaz y el suspicaz

El perspicaz	El suspicaz
Es una persona que observa, con muchas habilidades, que profundiza y conserva, la ética, en sus modales. Mira con buena intención, tiene un múltiple enfoque, del pensamiento, en la acción, siempre amplía su horizonte. No es ingenuo de lo humano, no se engaña en su visión, desentraña, con su mano, con creativa pasión. Sus ojos van por el mundo, abriendo otras perspectivas, tiene un ingenio profundo, no tiene ideas cautivas. Es muy agudo y sagaz, es listo y muy diligente, es muy despierto y capaz, clarividente, ocurrente. Ingenioso, descollante, es un lince y avispado, es bien lúcido y brillante, inteligente, cultivado. Y por eso, tiene humor, comparando situaciones, por la ciencia tiene amor, no se queda en ilusiones.	Es persona desconfiada, el miedo es su argumento, con su negro pesimismo, critica en todo momento. Incurre en destructivismo, que sospecha de los otros, enredando el realismo, ve la amenaza en los otros. Desconfía de lo humano, pensar mal es su misión, malinterpreta la mano, que le ofrece donación. Siempre mira muy debajo, del agua que está estancada, sospechar es su trabajo, su creencia es limitada. Receloso el suspicaz, es malpensado y rapaz, malicioso e incapaz, de irse a dormir en paz. Es muy astuto y taimado, como un zorro temeroso, es celoso y desconfiado, "todo el mundo es sospechoso". Le cuesta mucho el humor, no se ríe de sí mismo, desconfía de su amor, "todo es un espejismo".

Los estoicos	Los epicúreos
Los estoicos son personas, cuya vida es su misión, que superan grandes olas, con lucha y abnegación. Un gran proyecto persiguen, que les da un sentido pleno, y aunque difícil, consiguen, sentir su corazón lleno. Sufren en nombre de algo, con un sentido moral, de su amor se hacen cargo, construyen, hasta el final. Se juegan el todo o nada, no son mediocres, ni tibios, luchan contra la manada, con sus estilos sencillos. Buscan siempre el Paraíso, aunque fracasen millones, su vida es un compromiso, pese a mil desilusiones. Son mártires, son testigos, no abandonan la batalla, y ofrecen sus buenos trigos, su dedicación no falla. Son creyentes, aunque sufran, catástrofes, terremotos, sus dolores purifican, aunque les traten de locos. "Los últimos son los primeros", son héroes, en extinción, luchadores, verdaderos, por su clara vocación. Estoicos del mundo, uníos, por la santa redención, con renovados bríos, por nuestra liberación.	**Los epicúreos son sujetos, gozadores de la vida, son vivos, y no están muertos, buscan la pronta salida. Esta vida es muy precaria, se fijan pequeñas metas, tienen alma libertaria, y no ofrecen sus recetas. Como la existencia es corta, buscan el placer ahora, la crítica no le importa, ser felices, hora a hora. Su persona es su universo, su palabra es su demanda, le gusta el concreto verso, y el dinero, hoy, le encanta. No vive de largos plazos, va cambiando a cada paso, no le importan los retazos, ve siempre vacío el vaso. Es pacífico y sereno, casi siempre va sonriente, no quiere ser mensajero, ni morir de "combatiente". Son buscadores eternos, se cuidan bien, cada día, son liberales, muy tiernos, que priorizan su alegría. Desprecian a la política, no se "amargan" la cabeza, son más de la metafísica, que les borre la tristeza. Epicúreos, al carrete, "que después, no hay otra vida", ante el dolor, que arremete, el goce es nuestra salida.**

El viaje

Fuimos hasta el Taj Mahal,

a Bombay y a Calcuta,

y por tren a Pakistán,

en politeísta ruta.

Caminando a Compostela, por la gallega hermosura,

su Catedral, me desvela, a Santiago, con su hondura.

A la bellísima Praga, ciudad mil veces amada,

cualquier camino que haga, nos seduce y anonada.

Por el mítico Beijing, con sus ácidos olores,

la Gran Muralla, hasta el fin, me extasió de sus valores.

Por la indomable Australia,

por Sidney y por Canberra,

y el corazón que me estalla,

por su naturaleza en guerra.

Por la India y por España,

por la China y entre checos,

y Oceanía no me engaña,

descubrí sus recovecos.

Un muy increíble viaje, feliz, yo lo tuve antenoche,

pues, sin llevar equipaje,

soñé, sin ningún derroche.

El párroco

Pastor fiel, enamorado,

de Jesús, el Buen Maestro,

hombre, por siempre llamado,

a compartir el Pan Nuestro.

Amado, que sabe amar, perdonado, perdonar,

levantado, levantar, liberado, liberar.

Carisma de un ser valiente, que es puente que lleva a Dios,

a una enormidad de gente, que quiere volver a Dios.

No es perfecto, sino amigo,

no patrón, es servidor,

de la maleza, saca buen trigo,

es peregrino y buen cantor.

Es un hombre muy sencillo,

vive en casa de Belén,

y salmodia el estribillo,

camina a Jerusalén.

Conoce a cada persona,

de su gran comunidad,

su vida entera la dona,

por construir la unidad.

Es Pastor, que se ha entregado, es Jesús, el Buen Maestro.

El joven no lo sabía

Y él mismo no lo sabía, no lo tenía en su mente,

sin sarcasmo, ni ironía, sólo que, era "diferente".

Entraba en todas las casas, por sus muros y ventanas,

tomaba todas las plazas, no se quedaba en las ganas.

Todo era para él, y nada se le negaba,

aunque pareciera cruel, de todo, él se adueñaba.

Nunca saludaba a nadie, tampoco se despedía,

era un fantasma de talle, el que hurtaba y el que hería.

En su familia de origen, nunca un "No" le dijeron,

no le retaron, ni exigen, que respete; le maldijeron.

No le taparon la boca, ni corrigieron su error,

celebraron su "alma loca", no le hablaron del amor.

Todo lo que él hace es "justo", lo que quiere es su "pasión",

en todo hay que darle el gusto, se enoja si hay corrección.

Nunca ha pagado en las micros, se salta todo el control,

ni cumple sociales ritos, ni con luna, ni con sol.

Nunca ha cedido su asiento, nunca dice "por favor",

nunca dice "lo lamento", le gusta causar pavor.

Por eso, se va burlando, de los tontos y serviles,

que siempre están laborando, perdiendo en todas las lides.

No le da miedo asaltar, ni se asusta al disparar,

no reconoce el robar, ni se arrepiente de odiar.

Y él mismo no lo sabía, no lo tenía en su mente,

sin sarcasmo, ni ironía, que era un joven delincuente.

La pena de muerte

Veo "la pena de muerte", vociferando en las calles,

se ofrece, como la suerte, se grita, con mil detalles.

Cuando no te respetan, y cuando te zamarrean,

cuando, feroces te retan, o cuando te ningunean.

Cuando no te dan la mano, cuando dañan a tu hermano,

cuando cometen delito, cuando la ley es un mito.

Al hombre por ser "machista", por ser un fiero asesino,

al vecino, por "racista", al patrón, por ser "mezquino".

A la mujer, por "inepta", por no defender sus hijos,

y al "arrastrado", que repta, que esconde mil acertijos.

Al joven, por "delincuente", por robar tantos bienes,

de consumo, negligente, que nos revientan las sienes.

Al ratero y al milico, al político y al reo, al violador y al rico, al pobre y al terrorista, al que maltrató a su hijo, al que golpeó a su mujer,

al médico tan costoso, al ladrón de hoy y de ayer.

La pena de muerte gana, todas las conversaciones,

y es argumento que allana, acuerdos de ejecuciones,

"que lo maten", "que lo maten", dice tanto y dice poco,

tanto por el miedo vivo, y poco, por su evasión,

Desde la cuna, hasta grande, te acompaña esta intención,

de matar pronto al culpable, pues "no tiene redención".

No existe ya la inocencia, no existe ya la justicia,

no hay rehabilitación, y "no debe haber perdón".

"La pena de muerte" ha ganado, ¡ya no tenemos misión!

No es bulling

La gorda desplaza todo,

su embarcación es enorme, lo asfixia y lo ahoga todo,

con su cuerpo multiforme. Tiene su rostro redondo, con ojos despavoridos,

con su hálito de fritanga, y sus silentes aullidos. Ella grita en su silencio, su imagen es profecía, su paz, es como un incendio, su dolor, es simpatía. Ella no sabe que aplasta, a muchos de sus hermanos, con su volumen arrastra, y asesina con sus manos. Es la gorda "buena onda", que ya no acepta consejos, que hoy te arrasa, muy oronda, y que te lanza muy lejos.

La gorda actual no dialoga, no pregunta, ni conversa, simplemente, te sofoca, mal nutrición no confiesa. Se ha comido mil recetas, se ha devorado cien dietas, se ha peleado con profetas, con veganos y con vedas. Se ha tragado a sus amigas, cercanas y conocidas, a consejeras y artistas, y a cantantes de boleros. Es carnívora y omnívora, herbívora e higienista, es firme naturalista, es sibarita y opípara.

Su estómago tiene sano, es enorme y tan flexible, que nada le causa daño, todo es rico y comestible. Por eso, no se da cuenta, de su paso por el mundo, no se dona ni está en venta, su apetito voraz profundo. Con su aliento inolvidable, con su boca preparada, con dientes bien aserrados, camina la nueva gorda, violenta, lo come todo.

No hay bulling que la amilane,

no hay bromas, ni hay milagros, no quiere cambiar la gorda,

¡ni jamás se operará!.

Plaga en el hogar

Pequeñas señales, del gris invasor,

por toda la casa, y su alrededor,

no hay rabia que valga, ni vale el horror,

que ensucien tu nido, infecta su hedor.

Señales de urgencia, alarma total, la vida hogareña ya no es normal,

con esos vestigios, cargados de mal, se inicia la guerra, que será brutal.

Debe ser, a muerte, contra el batallón, que se multiplica por cada rincón,

ensuciando el piso, desde aquel sillón, su mortal guarida está en el balcón.

Nadie duerme mucho, ya nadie descansa,

porque el enemigo crece y te amenaza,

pues se reproduce, y nunca se cansa,

su apetito enorme, es su cruel tenaza.

Dónde se aparece, dónde se desplaza,

dónde se protege, dónde se abalanza,

por dónde te ataca, dónde se te cruza,

dónde te acorrala, dónde se refugia.

Venenos y trampas, misiles aéreos,

rayos que le alcanzan, sonidos secretos,

antiguos y nuevos, remedios eternos,

armas que no transan, garrotes concretos.

Plaga en el hogar, deberás ganar,

que el bufón pequeño, te quiere expulsar,

plaga en el hogar, hay que eliminar,

que ese actor sin sueño, te anhela exiliar.

Perdón

Se fue a veranear el niño, a casa de familiares,

que le brindaron cariño, y estímulos, a raudales.

Y vio la enorme vertiente, la higuera más olorosa,

el tranque del agua ardiente, y perales en la rosa.

La casa hundida en el cerro, ciruelas secando al sol,

y el techo ardiente de fierro, y belleza de arrebol.

El niño se fue alejando, hacia la cumbre del cerro,

entre espinos, fue observando, a gorriones en su vuelo.

Después de mirar los grillos, pudo, feliz, descubrir,

un nido con pajarillos, y a uno de ellos, quiso abrir.

Quería indagar su cuerpo, su latiente corazón,

hizo la autopsia del muerto, sin darle una explicación.

Quería saber, quiso investigar,

niño citadino, viajó a curiosear.

Perdón, perdón pajarillo, no sabía qué es matar,

no quiso apagar tu brillo, ni acallar tu fiel trinar.

Diáconos olvidados

Medio siglo, restaurados,

para caminar, sirviendo,

misioneros renovados,

que trabajan, compartiendo.

En parroquias y colegios, en fronteras y hospitales,

entre penas y destellos, se enfrentan a muchos males.

No aquilatan su misión, confunden su ordenación,

no conocen su canción, e ignoran su profesión.

Se enferman, y no jubilan,

Bautizan, hasta el final,

cansados, no se retiran,

su dedicación es total.

Apoyan santa liturgia,

a Jesús, siempre proclaman,

celebran la fe y la vida,

del Pueblo de Dios que aman.

Su caridad llega lejos,

a los múltiples sectores,

y animan a muchos ciegos,

y forman nuevos pastores.

A veces, no son mirados,

no siempre se les escucha,

los diáconos olvidados,

con su tristeza, que es mucha.

Un indigente

Él se ha puesto libremente,
bajo el techo del cielo,
y camina, entre la gente,
entre el hielo y el deshielo.
Indigente, es personaje,
luciendo bolsas y harapos,
y está en la mitad del viaje,
todo cubierto de trapos.
No tiene nada de nada,
ni una cama, ni alimento,
vive a fondo una jornada,
con hambre y sed, de tormento.
No se jactará ante nadie,
de lo que tiene o no tiene,
de lo que sabe o no sabe,
de lo que él es o no es.
En un rincón de su mente,
él sabe que es muy valioso,
y canta su salmo urgente,
al que lo mira, amoroso.
Indigente, es indulgente,
de los pecados del mundo,
es distinto, y contingente,
en este hastío profundo.

Kodokushi (“muerte solitaria”)

En el hermoso Japón,

tan moderno, y del renuevo,

se vive un cruel apagón,

del olvido del longevo.

Se sienten tan solitarios, miles de adultos mayores,

quienes fueron solidarios, hoy no reciben amores.

Algunos hasta delinquen, para estar en la prisión,

y hablar con esos que fingen, compartiendo su aflicción.

Algunos mueren muy solos, en su cuarto, abandonados,

luego de días, muy solos, sus cuerpos son encontrados.

La familia se ha marchado,

ya no existen los abrazos,

de los hijos, de los nietos,

ya no hay besos, ya no hay lazos.

Por ese “honor” ancestral,

no quieren ser ayudados,

y prefieren el ritual,

de la muerte, visitados.

Kodokushi, muere solo, anciano, “viejo olvidado”,

Kodokushi, muere solo, del bienestar olvidado.

Mayo del 68 y la "familia burguesa"

La Guerra Mundial Segunda, produjo un gran crecimiento,

de economía fecunda, que superó el sufrimiento.

Y así Europa se alzó, para dar días mejores,

y todo lo transformó, por sus hijos regalones.

Y se acumuló riqueza, pero no se transmitió,

de la vida, su belleza, y el sentido se perdió.

La juventud insatisfecha, con la sociedad que le acuna,

salió a cambiar toda brecha, de la tierra hasta la luna.

El hombre para el trabajo, la mujer para su casa,

la protección y el relajo, la familia se desplaza.

Mayo del sesenta y ocho, quiso romper muchos moldes,

destruyendo el fiel bizcocho, la fidelidad sin acordes.

Hombres liberados, de toda atadura, que rompen felices, esa dictadura,

"revolución sexual", a su altura, rompiendo de raíz, la vieja cultura.

El feminismo que nace, rompe con la mujer como madre,

lo sexual que te complace, se separó de un deber.

Aborto, anticoncepción, es su genial solución,

para la separación, de sexo y procreación.

Promiscuidad y egoísmo, generan la cruel ausencia,

de vínculos y machismo, pierde la mujer su esencia.

El modelo masculino, del explorador sexual, se ha infectado al feminismo,

que ha borrado su misión, en la guerra cultural, desviando su esencialismo.

¡¡Mayo del sesenta y ocho, ganaron los padres, perdieron sus hijos!!

Iglesia chilena en reparación

Un nuevo Pentecostés queme,

con antorchas anti cobardes,

con fortaleza renueve,

cambio total, sin alardes.

Se consuma esas mentiras, y erradas protecciones,

se reparen tantas iras, se acerquen las bendiciones.

Nuevos obispos, nuevos pastores, en tiempos nuevos, nuevos ardores,

nuevos ministros, tiempos mejores, menos vergüenzas, menos rencores.

Iglesia cerca de los dolores,

con las víctimas y sus pasiones,

cerca del pueblo y sus olores,

cerca de Cristo y sus opciones.

Todo de nuevo, nuevas sonrisas,

que se aquilaten en la verdad,

que entren las brisas,

que reanimen la comunidad.

Más conversión, más pastoral,

más sencillez y más humildad,

más valentía y buena moral,

iglesia de la solidaridad.

Del abuso al servicio,

de la soberbia a la paz,

que la virtud vence al vicio,

ya que el Amor, la hace capaz.

Indice

Printed by Books on Demand GmbH, Norderstedt / Germany